Érase una vez... el HOMBRE

Edita: Planeta-DeAgostini, S.A.

Presidente: José Manuel Lara
Consejero Delegado: Carlos Fernández

Director General de Coleccionables: Francisco Pou
Director Editorial: Virgilio Ortega
Director General de Producción: Félix García
Coordinación: Asunción Vilella

Realización: JPV Servicios Editoriales. Grupo Babel
Coordinador: Carles Gené
Textos: Saro de la Iglesia
Ilustradores: Antonio Grajera, Antonio Sama, Francisco Tórtola, Carlos de Andrés
Asesoría histórica: Jesús González
Diseño Gráfico: Esteoeste
Maquetación: María Torres, Carles Gené

Los años de la locura

ISBN Obra completa: 84-395-1867-6
ISBN Tomo 25: 84-395-1892-7
Depósito Legal: NA-1637-2003

Fotocomposición y Fotomecánica: FOINSA (Barcelona)
Impresión: Gráficas Estella, S. A. Navarra.
Impreso en España - Printed in Spain

Érase una vez... el HOMBRE

25

LOS AÑOS DE LA LOCURA

PLANETA-AGOSTINI

GANAS DE OLVIDAR

Millones de jóvenes habían perecido en la Primera Guerra Mundial. Los países europeos habían sufrido enormes pérdidas. Tras aquel infierno, parecía que los supervivientes querían olvidarse de todo aquello viviendo de un modo frenético y despreocupado: eran los “felices años veinte”. En los Estados Unidos fue donde esa tendencia se hizo más evidente. Allí estos “felices años” de la posguerra fueron vividos al son de un nuevo ritmo, excitante e irresistible: el *jazz*.

Naturalmente para darse una gran vida hacía falta dinero y no todo el mundo lo tenía, sino más bien lo contrario: la mayoría de la población pasaba estrecheces propias de una posguerra y no sólo en los países derrotados. Muchos jóvenes que regresaban de los frentes con la esperanza de que la guerra y todos sus horrores, al menos servirían para cambiar algo, sufrieron una cruel desilusión. Los precios habían aumentado en todas partes y era muy difícil encontrar trabajo. Y esto no era precisamente como para volverse loco de contento.

EUROPA ADQUIERE UN NUEVO ROSTRO

En enero de 1919 los países vencedores se reunieron en Versalles, cerca de París, para una Conferencia de Paz. Ésta tenía dos objetivos: redefinir las fronteras de los amplios territorios que habían formado parte de los imperios derrotados y crear una organización política internacional que impidiese el estallido de otra guerra tan horrible como la que acababa de finalizar. El primer objetivo se consiguió creando estados independientes (algunos de ellos totalmente nuevos, como Yugoslavia y Checoslovaquia) o anexionando algunas regiones a las naciones que las reivindicaban, por ejemplo: Italia recibió el Trentino, el Alto Adige, la Venezia Giulia e Istria. Para asegurar la paz mundial, se creó la Sociedad de Naciones que pese a las esperanzas y buenas intenciones con que se fundó sería un fracaso, como se encargarían de demostrar amargamente los acontecimientos de los años posteriores.

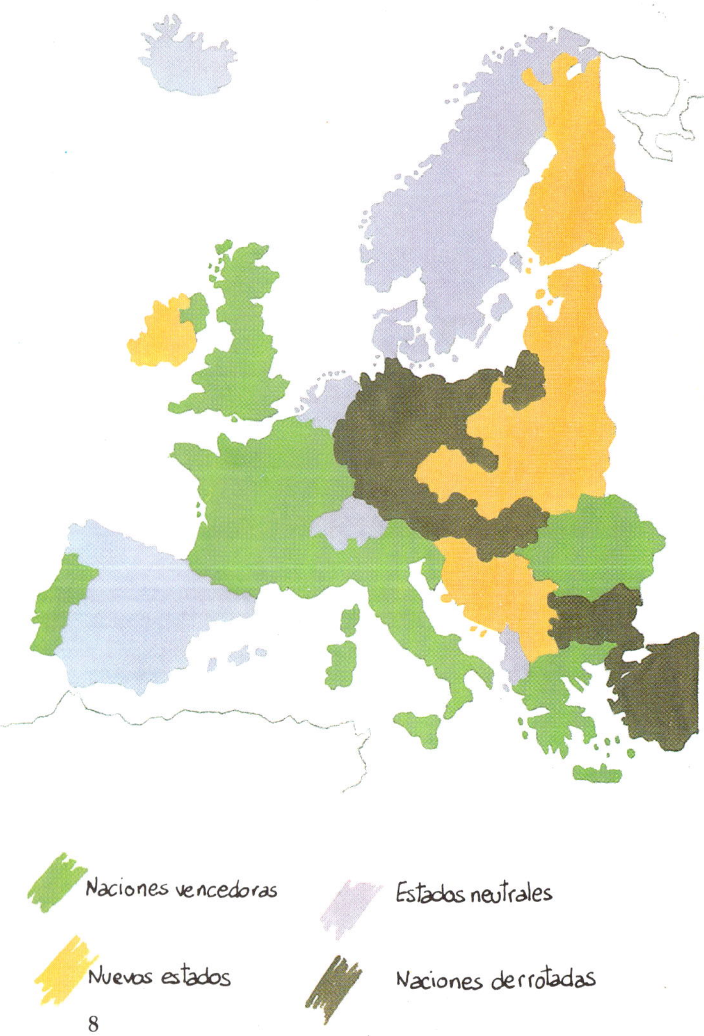

También el futuro era incierto para la recién creada Unión Soviética: una sangrienta revolución había originado el primer estado fundado con los ideales socialistas. Millones de personas en todo el mundo seguían con preocupación y esperanza (según el punto de vista) la evolución del *experimento soviético*. ¿Podría realmente llegar a ser un país "sin explotadores ni explotados" en donde el fruto del trabajo común fuera distribuido con equidad? Tras la muerte de Lenin, en 1924, se desencadenó una feroz lucha por el poder que acabaría con el triunfo de Josif Dziugasvili, llamado Stalin ("hombre de acero"). Hábil, decidido y despiadado, Stalin conseguiría ciertamente resultados importantes: una poderosa industria pesada y una educación difundida por todo el país. ¡Pero a qué precio! El "jardín del socialismo" se convirtió en una inmensa y triste prisión.

UN MUNDO MÁS PEQUEÑO

El enorme esfuerzo bélico había provocado el avance de la técnica en casi todos los campos. Entre los progresos más evidentes se encontraba el de la aviación, con unos motores más potentes y seguros, y un fuselaje más sólido, los aeroplanos podían ahora alcanzar altitudes mayores y cubrir distancias más largas. El mundo se hacía más pequeño. En 1927, Charles Lindbergh voló de Nueva York a París, sin escalas, en treinta y tres horas y media. La proeza popularizó el avión en todo el mundo, y constituyó el principio de la aviación civil.

Hubo un progreso técnico más asequible que el avión, que se difundió de forma masiva y que llegó a adquirir una gran importancia en la vida cotidiana de las personas: este fue la radiocomunicación. Girando un mando se podía escuchar una ópera "en directo" desde la Scala de Milán, una crónica deportiva de Londres, un noticiario de Nueva York... y la primera publicidad radiofónica. Los industriales de la época pronto se dieron cuenta del excepcional medio de propaganda comercial que constituía la radio. También se dieron cuenta de ello los políticos.

Otro "medio de información de masas" que también alcanzaría un gran desarrollo después de la guerra sería el cine. Su popularidad no se debió a los innegables valores estéticos o ideológicos que algunos de los primeros grandes directores supieron plasmar en sus películas, sino a la visión comercial de algunos productores que promovieron películas románticas y de acción, interpretadas por guapos actores a los que mucha gente consideraba seres superiores. Les llamaban *stars,* "estrellas", o bien *divos,* convirtiéndose en "modelos" a los que todos imitaban.

También el cine hacía que el mundo fuera encogiéndose: por unos pocos céntimos se podía ver cómo vivía la gente en países lejanos. Tras la guerra, los europeos dirigieron su atención hacia los Estados Unidos: aliados victoriosos y, a primera vista, tremendamente ricos, ya que vivían produciendo y consumiendo inmensas cantidades de artículos de todo tipo. Vivir "a la americana" se convirtió en el sueño de todos: una vida dinámica, cómoda, sin preocupaciones... Una vida "de cine", que este medio contribuía a divulgar.

LA GRAN CRISIS

El *american way of life* (el "modo de vida americano") había puesto a disposición de una amplia capa de la población una cantidad increíble de cosas nuevas. Pero no era cierto que estuviese al alcance de todos, suponía un gran derroche y degradaba el medio ambiente. Además, el mecanismo de producción-consumo no era capaz de rebasar cualquier límite. Habiendo alcanzado un ritmo frenético bastó una ligera reducción del ritmo para que provocase una cadena de quiebras que fueron agravándose hasta propiciar el derrumbe de todo el sistema como si se tratase de un castillo de naipes. Fue lo que se llamó la *gran crisis* de 1929. El desplome de la economía norteamericana, la más poderosa del mundo, arrastró a su vez a la ruina a otros muchos países. Se habían terminado los buenos tiempos...

MIEDO A LA LIBERTAD

El pueblo americano supo reaccionar tras pasar un período de grandes desastres. En 1932 fue elegido presidente Franklin D. Roosevelt, quien introdujo importantes cambios en la política económica poniendo en práctica un "revolucionario" programa (el *new deal,* "el nuevo programa") basado en el intervencionismo del estado. Se trataba casi de un "sacrilegio" en un país en donde todo dependía de la iniciativa privada, pero Roosevelt supo ganarse el favor de la opinión pública del país y la mayoría de los americanos le apoyaron con entusiasmo.

En Europa, las difíciles condiciones económicas, provocaron conflictos sociales y permitieron popularizarse a algunos líderes políticos que prometían soluciones. Donde no existía una fuerte tradición democrática, la gente se entregaba en manos de un "salvador de la patria", que actuaba como un jefe absoluto, que pensaba y decidía por todos, "metiendo en cintura" a todo el que se oponía a sus soluciones. El primer país en donde se instauró una dictadura de este tipo fue Italia, mediante el régimen *fascista* de Benito Mussolini.

En la Alemania vencida y humillada tras la primera guerra, los acontecimientos fueron todavía peores. En 1933, un fanático nacionalista, Adolf Hitler (que había vencido en las elecciones prometiendo la conversión de Alemania en la mayor potencia europea), sustituyó la democracia por una cruel dictadura inspirada en el *nacional-socialismo* ("nazismo"): una confusa doctrina que pretendía la absoluta superioridad de la "raza" germánica, culpaba de todo a comunistas y judíos y predicaba una nueva guerra "regeneradora"...

GUERRAS DE PRUEBA

Los dictadores promovieron la guerra contra otros países para que la gente aceptase la ausencia de libertad y los duros sacrificios que imponían sus regímenes a cambio de los posibles beneficios que reportarían los conflictos. Se atacaba a países más débiles y se obtenían fáciles victorias que exaltadas por la propaganda, daban a sus naciones la ilusión de ser poderosas y respetadas. En 1938 la Italia fascista atacó con un moderno ejército (incluso recurriendo al gas asfixiante) a un lejano país africano, Etiopía, donde fundó una colonia que fue pomposamente bautizada como "imperio de ultramar".

En 1936 estalló en España una sangrienta guerra civil. Una coalición de partidos de izquierda había vencido en las elecciones pero sus derrotados adversarios no acataron el resultado y apoyados por la Iglesia y por parte del ejército capitaneado por el general Francisco Franco, atacaron al gobierno legítimo. Mussolini y Hitler ayudaron enormemente a los rebeldes contribuyendo a su victoria, al mismo tiempo que experimentaron nuevas técnicas de guerra, entre ellas la del "bombardeo de alfombra" no sobre un objetivo militar sino sobre una ciudad entera, como ocurrió en el caso de Guernica.

EL MUNDO EN LLAMAS

También fuera de Europa los ejércitos habían reemprendido su siniestra labor. En Oriente, Japón, país muy aferrado a sus tradiciones medievales pero que rápidamente asimiló la técnica nacida en Occidente, atacó a la inmensa pero débil China. Se convirtió en un firme aliado de las dictaduras fascista y nazi, y conjuntamente pensaron en poder dominar el mundo. La guerra, tanto tiempo temida, estalló en 1939 y fue, aún más que la de 1914-18, una guerra mundial, ya que fueron pocos los países que pudieron permanecer al margen.

Italia permaneció neutral durante un año, pero en 1940, Mussolini entró en la guerra animado por las victorias nazis, ya que estaba seguro del triunfo de su poderoso aliado. También los Estados Unidos permanecieron neutrales, aunque por más tiempo: al principio la guerra sólo afectaba a Europa y al lejano oriente asiático. Sin embargo, en 1941 serían atacados por sorpresa por los japoneses y también a los americanos les llegó la hora de luchar. Una vez más su intervención en la contienda resultó decisiva para desequilibrar la balanza.

Además de la participación de tantos países y del poder de sus ejércitos, la "novedad" más aterradora de esta guerra fue que no se limitaba a la lucha entre los soldados: también murieron millones de civiles. Las ciudades fueron bombardeadas sin miramientos y millones de personas fueron perseguidas, encarceladas y ejecutadas a causa de motivos políticos o raciales (Alemania iba a la cabeza de todo ello, con la eliminación "científica" de judíos, gitanos y opositores políticos en campos de exterminio).

Por su parte los civiles no dejaron que fueran únicamente los militares los que hiciesen la guerra. Hartos del dominio de un ejército extranjero y de la prepotencia de la dictadura, hombres y mujeres formaron grupos armados, constituyéndose en una resistencia activa a la opresión. Atacaban al enemigo mediante tácticas de guerrilla, con ataques repentinos y de gran eficacia. Pero se exponían a feroces represalias porque, al no estar encuadrados en un ejército regular, eran considerados “bandidos”.

EL FIN DEL HURACÁN

La situación cambió en 1944: los países invadidos por Alemania, Italia y Japón pudieron ir reaccionando y derrotando al agresor. Era necesario un último esfuerzo para acabar de dejarles fuera de combate y para ello se procedió a organizar una gigantesca "operación de tenaza" en la que, los soviéticos desde el este y los americanos con sus aliados desde el oeste, apuntaban al corazón de Alemania. Ahora ya se sentía próxima la victoria, pero Adolf Hitler se resistía testaduramente a la idea de ver caer su régimen, que según el mismo debía durar 1.000 años... La guerra acabó sólo cuando el dictador se suicidó, cuando ya su país había sido reducido a un montón de escombros.

En el otro extremo del mundo, Japón resistía fanáticamente: los soldados del *Tenno*, el emperador "divino", no podían rendirse. Entonces los americanos tomaron la terrible decisión de pulverizar las ciudades de Hiroshima y Nagasaki lanzando las dos primeras *bombas atómicas* de la historia. Sólo entonces el orgulloso Japón debió sufrir algo que nunca había conocido: el deshonor de la rendición. Pero la "demostración de fuerza" también se había erigido en una señal hacia la Unión Soviética. La alianza de los Estados Unidos con el "país modelo del socialismo", dominado por Stalin, había conducido a la victoria, pero era algo que no podía durar mucho más... El "hongo" atómico iniciaba un largo período en el que el fantasma del exterminio total se cernía sobre toda la humanidad.

CRONOLOGÍA

Enero 1919. Se inicia en Versalles la Conferencia de Paz. El imperio austro-húngaro es desmembrado y Alemania obligada al desarme total así como al pago de grandes indemnizaciones a los vencedores. En los Estados Unidos se inicia un período de superproducción, pero en Europa la economía no acierta a pasar de la guerra a la paz y aparecen el paro, las movilizaciones y el desorden.

Octubre 1922. "Marcha sobre Roma": miles de fascistas invaden la capital italiana. El rey les deja actuar y encarga a Mussolini la labor de formar nuevo gobierno.

Junio 1923. El socialista Giacomo Matteotti, que se atreve a denunciar las actuaciones ilegales de los fascistas, es asesinado por una escuadra fascista. Enorme escándalo, pero Mussolini permanece en el poder.

Mayo 1927. El americano Charles Lindbergh vuela por primera vez de Nueva York a París sin escalas a bordo del *Spirit of St. Louis.*

Octubre 1929. Tras años de crecimiento continuado, la economía norteamericana cae en picado. El día 24 ("jueves negro"), la crisis de la bolsa sella el inicio de la "gran depresión".

Octubre 1935. Italia ataca a Etiopía con un poderoso ejército. Ignorando la condena de la Sociedad de Naciones, se lleva a término la conquista de dicho país en menos de un año.

Julio 1936. En España, el general Francisco Franco se subleva contra el gobierno legítimo. En su ayuda acudirán la Alemania nazi y la Italia fascista. Vencerá después de casi tres años de sangrienta guerra civil.

1938. Hitler, que se había "anexionado" Austria y la región checoslovaca de los Sudetes (de lengua germánica), ocupa Praga en marzo y en septiembre invade Polonia. Stalin, con quien ha firmado un pacto, le deja actuar impunemente, pero Inglaterra y Francia le declaran la guerra. Es el inicio del segundo conflicto mundial.

1941. En junio Alemania ataca por sorpresa a la Unión Soviética, en diciembre Japón hace otro tanto con los Estados Unidos, destruyendo su flota por sorpresa. La guerra involucra, con contadas excepciones, a casi todo el mundo.

1945. El 25 de abril entran las tropas soviéticas en un Berlín destruido y Hitler se suicida. El 6 y el 9 de agosto los norteamericanos lanzan dos bombas atómicas sobre Hiroshima y Nagasaki. Japón se rinde.

CURIOSIDADES

Charles Lindbergh no fue el primer hombre que atravesó el Atlántico. En 1919 lo habían conseguido Alcock y Brown pilotando un bombardero Vickers. Ellos partieron de Terranova y llegaron a Irlanda, realizando la travesía por donde es más corta la distancia entre los dos continentes: una hazaña de escaso interés práctico.
Con la travesía de Nueva York a París, en un único "salto" de 5.809 km, Lindbergh no sólo consigue cubrir una distancia más larga, sino que abre la primera línea entre las dos importantes metrópolis, estableciendo un enlace rápido. También demostró que la aviación no sólo servía para batir un récord sino que podía realizar servicios útiles y económicamente rentables.

El clima general de despreocupación que siguió al final de la Primera Guerra Mundial se manifestó en todos los campos. La moda femenina reflejó la imagen de una mujer "desenvuelta", casi descarada, que osaba (algo que nunca había sucedido) mostrar las piernas y cortarse el cabello como los hombres (con el corte llamado "a lo garçon").
También el arte dio la bienvenida al final de la pesadilla. Uno de los más afortunados ejemplos de creación artística que se forjó en ese clima festivo fue el célebre ballet "Pulcinella", presentado en la Ópera de París en mayo de 1920. La música era del compositor ruso Igor Stravinsky,

emigrado a Occidente tras la revolución; la escenografía era del pintor español que más influiría al siglo con su audacia: Pablo Picasso. Según el testimonio de una espectadora asidua, representando "Pulcinella" los artistas del ballet parecían divertirse muchísimo.

Conocido, aunque no sería famoso hasta los años de la Primera Guerra Mundial, Charles Spencer Chaplin, un actor inglés "hijo del arte" emigrado a los Estados Unidos, se convertiría en un actor muy popular en todo el mundo durante los años veinte. Era el protagonista de una serie de películas en las que interpretaba a un hombrecillo tímido y algo torpe que vivía los tiempos de la "gran depresión": enormes y destrozados zapatos, siempre sin dinero y con un inseparable bombín y un bastón de bambú, símbolo de una cómica dignidad dentro de la pobreza reinante. Se trataba de *Charlot,* el personaje más afortunado del cine, que arrancaba risas y creaba emociones mediante sus patéticas e irresistibles aventuras.

Un "caso" que apasionó a la opinión pública durante años fue el de dos emigrantes italianos en los Estados Unidos: Nicola Sacco y Bartolomeo Vanzetti. Acusados de haber participado en un robo, fueron sometidos a un proceso muy discutido y condenados sin pruebas, a pesar de sus desesperadas alegaciones de inocencia. Además de ser mal vistos a causa de ser emigrantes, eran anarquistas, y en aquel entonces las autoridades norteamericanas se hallaban profundamente comprometidas en combatir a todos los "subversivos" que protestaban a causa de las condiciones laborales. Tras largos años de batallas legales y pese a los ruegos procedentes de todo el mundo, fueron enviados a la silla eléctrica el 9 de abril de 1927.

INDICE

7H-53-93
CHICAGO